VUES

SUR L'ENSEIGNEMENT

DES LANGUES.

En histoire naturelle Buffon donnait le conseil si nouveau et si prudent de laisser *d'abord* errer nos regards sur tant d'objets, sans prétendre à les pénétrer et à les ordonner.

Mémoires sur le 18.ᵉ siècle par Garat.

Se trouve chez les principaux Libraires de la capitale.

Septembre 1828.

VUES

SUR

L'ENSEIGNEMENT DES LANGUES.

Notre expérience journalière justifie pleinement la remarque faite depuis long-tems par Montaigne : que nous mettons *trop d'art* dans l'enseignement des langues. Sans examiner les raisons par lesquelles il appuie sa thèse, sans nier que l'homme ne soit un enfant de l'art, je m'attache aux résultats d'une expérience assez générale pour ne pouvoir être révoquée en doute. Ils prouvent clairement que les fruits d'une étude parfaitement méthodique *ne sont nullement en rapport avec la peine excessive que se donnent les enfans pour les obtenir.* Si je blâme quelques instituteurs de s'appuyer trop sur la mémoire mécanique, de cultiver l'automatisme, je crois pouvoir en échange reprocher aux études méthodiques, telles qu'elles sont généralement pratiquées, de faire trop de fond sur la volonté d'apprendre des enfans et sur la maturité de leur raison : elles leur supposent fort gratuitement le courage, la volonté nécessaires pour dévorer des études sans attrait, et, en outre, toute la raison qui est indispensable pour la mise en œuvre des matériaux acquis dans ces études préliminaires. Mais ces deux qualités sont exclusivement le partage des esprits formés par l'éducation ou par l'âge; elles ne se rencontrent dans les enfans que par exception; et lorsqu'on les y trouve, il n'y a pas lieu de les en féliciter, car elles sont le symptôme d'une précocité qui tourne presque toujours au détriment de l'individu. Si donc une marche méthodique et réfléchie, un enseignement qui débute par des principes ou par des études sèches, est en effet le chemin le plus court pour arriver au but, *via compendiaria* suivant Quintilien; d'un autre côté ce chemin doit être réservé pour les esprits déjà fortifiés par l'âge; il n'est pas à l'usage des enfans, tels que la nature les produit ordinairement; il ne leur prépare que des tortures infructueuses; et le tems perdu dans ce travail stérile pourrait être utilement employé à l'acquisition de connaissances positives fort à leur portée et pleines d'attraits pour eux : telles sont les premières notions de géographie, d'histoire naturelle, d'histoire civile (exposées bien entendu dans des extraits choisis), de dessin, de musique, etc. Parmi nos facultés, la raison est la dernière à prendre son entier développement; et, bien qu'on en aperçoive dans l'enfance les premières lueurs, elle est devancée par la mémoire, le goût et l'imagination. La mémoire surtout semble régner avant toutes les autres; et si elle paraît susceptible de prodiges à cet âge, c'est surtout lorsqu'elle est sollicitée par le goût; lorsque l'élève trouve un attrait, un intérêt quelconque dans l'étude. Par conséquent, si l'on veut à toute force occuper de la culture des langues mortes les enfans de huit ans, le problème serait de trouver une marche exempte des inconvénients de la méthode synthétique, qui suppose un degré de raison étranger à un âge si tendre; une marche qui fut exempte également de ceux d'une culture exclusive de la mémoire, pour laquelle les enfans n'ont que de la répugnance, tant elle est aride, entièrement opposée à leur humeur changeante, qui recherche sur toute chose la variété des impressions;

tandis que la culture exclusive de la mémoire roule inévita-
blement sur des répétitions aussi fastidieuses que multipliées.
Le tort des méthodes connues est, selon moi, d'établir un
divorce funeste entre des facultés de l'âme que la nature
nous instruit cependant à exercer simultanément. Sous pré-
texte de triompher des difficultés avec moins de peine en les
attaquant successivement, nous adoptons une période pour
la mémoire, et nous ne consentons à la voir jouer en harmonie avec le jugement et le goût, que lorsqu'elle s'est déjà
développée par un exercice solitaire. Dans ce rafinement de
l'art, qui est assurément un moyen rapide *d'atteindre la
perfection* pour des esprits mûrs et des volontés fortes, on
semble oublier que celle des enfans a besoin d'être sollicitée,
soutenue par l'attrait du travail, par des succès journaliers,
qui l'indemnisent sur-le-champ de ses peines. On oublie
que l'enfance vit au jour le jour, qu'elle ignore ce que c'est
que de préparer un succès six mois d'avance; que six mois
sont à ses yeux un siècle, un délai désespérant. L'instituteur, dit-on, doit le savoir pour elle, bien; mais si les
actes extérieurs peuvent se commander, ceux de l'esprit
échappent à l'autorité; celle-ci a beau prescrire ce qu'il convient de faire, en arracher le simulacre à l'obéissance; si
elle brave le naturel, elle ne règne que sur des actes stéri-
les; la véritable instruction est nulle : l'enfant a les yeux sur
son livre, il lit même; mais son esprit est à une partie de jeu,
et il ne retient rien... Qu'est-ce que ce sera quand on pres-
crira des succès à son intelligence, celle de toutes nos facultés qui exige le plus parfait accord entre la volonté spon-
tanée et nos actes extérieurs. En vain se ferait-on illusion;
jamais on ne provoquera de la part de l'enfance des efforts
efficaces que par *l'attrait immédiat du travail;* les mobiles

éloignés qui déterminent ces efforts dans l'homme fait,
n'agissent point sur elle. Le premier objet que l'on doive se
proposer est donc de lui rendre le travail agréable, et de lui
en faciliter l'accès; deux choses peuvent y contribuer beaucoup, c'est de ne point isoler l'exercice de facultés que la
nature l'instruit à employer de concert et de lui procurer
des résultats qui ne se fassent pas trop attendre. A la vérité,
la nature n'établit pas le règne de la raison dans l'enfance
comme dans l'âge mûr; mais enfin cette faculté n'est pas chez
elle tout à fait oisive. Dès le premier âge, elle préside déjà
dans une certaine mesure à ses conceptions, mais la mémoire,
l'imagination, le sentiment moral, le goût, lui prêtent surtout un utile secours et sont propres à se soutenir l'un par
l'autre. Pourquoi ne pas tirer parti de cette disposition bien
constatée? Pourquoi condamner au silence pendant une période de six mois ou un an, trois ou quatre facultés qui ne
demandent qu'à entrer en jeu, qui protestent contre un dur
interdit, se paralisent par le non usage, se trouvent déjà
flétries quand on vient réclamer leur entremise, et dont la
captivité contribue souvent à désoler l'enfance par la difficulté qu'elle éprouve à marcher sans leur appui. Cette question équivaut à celle de savoir pourquoi on n'a pas pour
l'usage spécial des enfans une autre méthode d'enseignement
que celle qui convient à l'homme fait ou instruit. Je crois
pouvoir l'attribuer à la manie assez générale de tout ramener
à l'uniformité, de ne tenir aucun compte des différences
d'âge, de position, etc., de jeter toutes les éducations dans
le même moule, parti fort commode sans doute pour dresser
des instituteurs à manœuvrer dans tel ou tel système; mais
peu propre à former de bons élèves.

Exciter dans les enfans de grands efforts d'attention et les diriger au profit de l'instruction, voilà l'art de l'instituteur. Quels sont ses moyens de succès dans l'étude des langues mortes, celles de toutes qui, jusqu'à présent, offrent le plus de variations et d'incertitude dans leurs méthodes? Pour répandre quelque jour sur cette question, soumettons à la coupelle, la méthode ingénieuse que suit M. Ordinaire dans l'enseignement du latin, elle est réputée aujourd'hui la plus parfaite. Car relativement à celle de M. Lemare, il parait bien démontré qu'elle est inapplicable à l'instruction élémentaire. M. Marast, dans un article du plus haut intérêt, (1) a prouvé par des raisons sans réplique que le livre où elle est consignée ne convient que pour fonder et perfectionner la théorie de la grammaire. C'est le livre des esprits déjà exercés; il ne peut servir aux premiers essais de la jeunesse. Examinons donc ce que l'on regarde assez généralement comme la plus heureuse conception dans l'enseignement élémentaire des langues mortes. Son auteur, M. Ordinaire, frappé du vice de l'ancien enseignement, qui débute par faire apprendre de mémoire aux jeunes gens un rudiment mal compris, a voulu le corriger en réservant cette étude pour une époque où la mémoire des élèves serait pourvue de matériaux qui pussent offrir aux règles un sujet d'application; il avait remarqué, d'ailleurs, que l'esprit des enfans saisit avec beaucoup de difficulté ce qu'il appelle des idées de déduction; c'est-à-dire, des idées abstraites, des notions générales, et il apercevait un surcroît d'avantages à en différer l'emploi pendant la première période de l'étude. Un délai d'un an donnerait le tems à la raison de prendre un peu plus de consistance; ce délai ne devait cependant pas être perdu

---

(1) Voyez le numéro (26) du journal de la langue française, 1828.

pour le succès. Il songea donc à le mettre à profit par des
travaux appropriés à celle de nos facultés qui est généralement considérée comme se développant la première mais à
tort comme la seule qui agisse dans les enfans; *la mémoire.*
Pour réaliser son idée , il a dressé une liste des mots que les
écoliers doivent rencontrer dans l'ouvrage qu'ils auront à
expliquer d'abord; et la première année de leurs études est
consacrée à apprendre par cœur ces listes de mots ainsi que
les principales règles du rudiment. Après ce préliminaire ,
leurs premiers exercices consisteront à expliquer de vive voix
l'auteur dont les mots auront été appris , et M. Ordinaire
veut avec raison que ces exercices précèdent ceux de com-
position ou les thêmes , parce qu'il est indispensable d'étudier les modèles de l'art avant de se livrer à l'imitation. Les
thêmes en effet , pour ne pas blesser trop ouvertement le
génie de la langue latine , doivent être quelque chose de plus
que des mots latins agencés correctement sous le joug des
règles; ils doivent reproduire mille alliances d'usage , mille
nuances délicates que ni le rudiment , ni les nomenclatures
ne peuvent inspirer , et dont la source réside exclusivement
dans l'étude des bons modèles. Les thêmes après les explica-
tions sont donc très - judicieusement placés. On ne peut
qu'applaudir à cette marche. Mais la division des exercices
en deux périodes distinctes à-t-elle le même prix ? Ne retrou-
ve-t-on pas là cet excès de méthode dont j'ai parlé tout à
l'heure ? Ce *trop d'art* qui choquait Montaigne dans l'ensei -
nement des colléges. Il faut bien , dira M. Ordinaire , que
vous possédiez la signification individuelle des mots , pour
expliquer les auteurs. J'en tombe d'accord. Mais vous n'ex-
pliquez pas un auteur tout à-la-fois; à quoi bon faire si
long-tems d'avance des provisions qui ne trouveront peut-être

leur emploi qu'à la fin du livre ? A quoi bon condamner la mémoire des élèves au travail nécessaire pour conserver durant
une année une collection de mots destinés à être employés
successivement par petites parties ; enfin pourquoi ne pas
faire cette acquisition à mesure que l'explication de chaque
jour en signalerait le besoin ? Si un livre peut avoir son dictionnaire particulier, une page peut avoir le sien. Qui nous
empêcherait d'étudier le dictionnaire d'une page pendant la
demi-heure qui en précéderait immédiatement l'explication.
Il me parait difficile de résoudre ces difficultés autrement
qu'en disant : que ces grandes nomenclatures préparées à
l'avance facilitent et abrégent le travail de la mémoire à la
faveur des divisions méthodiques qui s'y trouvent établies.
Que les classifications par racines, par désinences, par
signes caractéristiques de telle déclinaison, de telle conju-
gaison, constituent un avantage dont les petites nomenclatures par pages seraient privées, et que de cet avantage attaché aux classifications méthodiques doit résulter
toute la rapidité du succès. C'est ici le nœud de la question.
Est-il bien vrai qu'il y ait économie de tems et de peine pour
la mémoire, à trouver ainsi distribués dans de grandes
classes les matériaux dont elle doit se charger ? Les secours
qu'elle y puise ne sont ils pas contrebalancés 1.° par la peine
excessive que nous éprouvons à fixer notre attention sur des
parties détachées; 2.° par le défaut d'emploi de ces matériaux amassés si long-tems d'avance ? N'est-ce donc pas
aussi un moyen efficace de graver *les mots* dans la mémoire
que d'en étudier la mise en œuvre dans un texte classique,
et de s'évertuer soi-même à reconstruire ce texte immédiatement après avoir considéré la signification individuelle des
élémens qui le constituent ? N'est-ce pas le plus puissant

peut-être de tous les moyens ? A raison d'abord de sa valeur intrinsèque comme provoquant activité de l'esprit, et ensuite à raison de l'attrait du travail. Les mots en effet puisent, dans leur réunion en un discours suivi, une nouvelle force qui croit bien plus rapidement que la source de leurs forces individuelles, ils sont comme les lames d'un aimant artificiel, réunies en faisceau. Tel mot dans son encadrement est peut-être sublime, qui dans la nomenclature ne sera qu'une idée triviale entièrement dénuée d'intérêt. Chaque mot d'un texte, indépendamment de sa signification individuelle, reçoit de tous ceux qui l'entourent mille reflets qui en développent, en complètent l'idée fondamentale et s'accordent avec elle; qui réveillent par conséquent l'attention du lecteur; souvent flattent son goût et reçoivent le suffrage de sa raison et de son cœur. De tels effets auront-ils moins de puissance sur la mémoire que de longues nomenclatures, bien méthodiques, mais bien sèches, exclusivement fondées sur des caractères très-précieux sans doute aux yeux du grammairien; mais dont la jeunesse s'embarrasse fort peu. Soutenir l'affirmative, ce serait prétendre que l'aspect d'une collection de botanique fera sur son esprit une impression plus profonde que celle d'un riant paysage. Tout le monde a pu remarquer que la clarté, l'intérêt, la liaison des idées attachées à un discours suivi, contribuent singulièrement à en faciliter l'étude par cœur. Il ne faut que peu de travail pour retenir une phrase bien ordonnée dont les mots se donnent mutuellement un sens raisonnable, il en faut beaucoup pour retenir des mots détachés,

Tantum series juncturaque pollet.

Sans doute les idées d'un discours ne sont claires et par conséquent susceptibles d'intérêt que lorsque nous possédons au préalable la signification individuelle de chaque mot ; mais cette signification, nous pouvons la puiser au bas de la page, à l'instant même du travail ; que gagne-t-elle à avoir dix mois, un an de date dans notre apprentissage par les grandes nomenclatures méthodiques ? Elle gagnera au contraire infiniment à être considérée *sur-le-champ* dans le texte où elle est mise en œuvre : à une attention médiocre, succédera une attention vive ; à une impression faible, une impression profonde, peut-être un mouvement de l'âme, et ce sont de pareilles ressources qu'un *excès d'art* sacrifie à celle des analogies verbales pour cultiver la mémoire. On voit que M. Ordinaire néglige ce qu'on pourrait appeler la puissance esthétique des modèles pour s'appuyer sur la classification artificielle de leurs élémens. Selon nous c'est un calcul mal entendu avec des jeunes gens. C'est leur supposer une force de volonté supérieure à tous les dégoûts de répétitions arides, et à l'ennui de ne voir leurs travaux porter des fruits qu'après un long intervalle ; c'est négliger de faire agir au profit de la mémoire des facultés précieuses dont l'exercice serait peut-être le plus puissant véhicule pour cette jeunesse si avide d'impressions vives et variées ; c'est enfin affaiblir ces facultés par le repos, dans un âge où il est si important de les cultiver toutes dans une parfaite harmonie.

PROCÉDÉ facile pour introduire les Jeunes gens à l'usage de la langue latine.

J'ai dit que si un livre peut avoir son dictionnaire particulier, rien n'empêche qu'une page n'ait le sien. Je vais
plus loin; persuadé que la connaissance d'un dictionnaire
n'est ni plus claire ni plus applicable parce qu'elle a un
an ou six mois de date, parce qu'elle a été entretenue durant ce tems, non par des applications, mais au moyen
de répétitions plus ou moins fastidieuses; j'établis une courte
nomenclature pour chaque phrase, et j'adopte pour premier
objet d'étude *Cornelius-Nepos,* de préférence à *l'Epitome
historiæ sacræ,* qui est écrit en latin moderne. Je commence
par présenter à l'élève une de ces nomenclatures partielles;
je la lui fais lire à deux ou trois reprises avec attention;
mais sans exiger qu'il se fatigue à force de répétitions pour
inculquer dans sa mémoire ces débris si peu propres à cap-
tiver l'attention. Avec un travail préliminaire aussi léger, il
lui manquerait sans doute encore plusieurs choses pour qu'il
pût aborder avec succès la phrase même du texte et la comprendre; surtout lorsqu'il s'agit d'une langue transpositive
où les rapports entre les élémens de la proposition ne sont
point marqués par leur place; il faudrait 1.º qu'il fût plus
affermi sur le sens individuel des mots; 2.º qu'il pût découvrir, à la faveur de leurs désinences, les rapports qui les
unissent. En pareil cas les méthodes que j'accuse de pécher
par *excès d'art* préscriraient rigoureusement l'acquisition
préalable et complète de ces deux ordres de connaissances,
avant de permettre que l'élève essayât de comprendre la

phrase dans son intégrité. Mais je ne suis pas tout-à-fait si
exigeant, je pense qu'avec une nomenclature suffisante quant
à l'étendue, et dont le *souvenir exact* n'est pourtant que
préparé en quelque sorte, l'élève peut déjà, si non tenter immédiatement l'explication de la phrase intégrale, du moins
faire quelque chose qui le conduira avec certitude à ce but ;
parce que, dans ce travail intermédiaire, auquel l'intelligence prendra une part active, la mémoire de notre nomenclature partielle se sera affermie et que l'affinité naturelle des idées secondée par le rapprochement matériel des
mots, aura formé entr'eux des alliances qui suffiront pour
faire sentir ensuite leur rapport dans la phrase, et tiendront
lieu *du moyen grammatical des désinences.* Ainsi ce travail intermédiaire et préparatoire consistera de la part de
l'élève, à se rendre familières autant d'alliances de mots
qu'il sera nécessaire d'en établir pour suppléer dans son
esprit, à l'absence temporaire, des effets désinentiels et faire
disparaître les sources d'équivoques.

*Le tableau suivant offre l'application de ce principe à un
exemple pris dans la première phrase de Cornelius-Nepos.*

NOMENCLATURE.		ALLIANCES DE MOTS PRÉPARATOIRES.	
Attice	Atticus (celui à qui s'adresse le dis-cours.)	*non dubito fore.*	je ne doute pas qu'il n'y ait (de-voir être).
dignum	digne.	*plerosque qui ju-dicent*	plusieurs person-nes qui jugent.
dubito	je doute.		
fore	devoir être.		
genus	genre.		
hoc	ce,	*hoc genus scrip-turæ*	ce genre d'écrit.
judicent	jugent.		
leve	frivole.		
non	ne pas.	*qui hoc genus leve judicent*	qui jugent ce genre frivole.
plerosque	plusieurs person-nes.		

NOMENCLATURE.		ALLIANCES DE MOTS PRÉPARATOIRES
personis	des rôles.	
qui	qui.	*et non satis di-*	*et non assez di-*
satis	assez.	*gnum* ...	*gné.*
scripturæ	d'écrit.		
summorum	des grands.	*summorum viro-*	des rôles des
virorum	hommes.	*rum personis*	grands hommes.

TEXTE.

Non dubito fore plerosque, Attice, qui hoc genus scripturæ leve et non satis dignum summorum virorum personis judicent.

TRADUCTION.

Je ne doute point, Atticus, que plusieurs personnes ne regardent le genre de cet ouvrage comme frivole et peu convenable à la dignité du caractère des grands hommes.

L'élève ne devra pas faire des répétitions multipliées roulant exclusivement sur la nomenclature, dans la vue de la savoir parfaitement avant de passer aux alliances préparatoires. Il se contentera d'abord d'ébaucher le souvenir des mots détachés, et il s'efforcera aussitôt de rechercher le sens des alliances de mots, en cachant la traduction française et n'y recourant qu'à défaut de succès ; il n'abordera la phrase complète que lorsque sa mémoire retrouvera avec une égale facilité le latin par le français, et *vice versâ* dans les deux colonnes supérieures. L'étude de ces groupes de deux ou trois mots, offrira toute la facilité désirable pour qu'un enfant y réussisse par la simple comparaison avec la nomenclature primitive. Le très-petit nombre de termes qui les composent et leur rapprochement, dont le motif sera senti dans l'affinité naturelle des idées qu'ils expriment, opéreront plus d'un effet salutaire. 1.° Ils ne permettront pas à l'esprit de se tromper sur le rapport des termes entr'eux ; ils le dispenseront par conséquent de s'occuper de la fonction des désinences ; 2.° ils le prépareront à entrer dans l'habitude de la

construction latine dont ils conservent en partie l'empreinte;
3.° l'attention sera éveillée, l'intelligence mise en exercice
pour découvrir dans les significations individuelles des mots
le principe de leur alliance; c'est-à-dire, cette affinité qui
permet de les fondre dans une idée unique; 4.° de l'activité
intellectuelle naîtra un premier degré d'intérêt dans le travail, une confirmation, une culture plus complète de la mémoire individuelle des mots et en même tems un souvenir
facile, une habitude acquise des alliances, qu'il importe
d'avoir présentes à l'esprit pour comprendre la *phrase en-
tière.* Lors donc qu'après ce préliminaire, on la mettra sous
les yeux de l'élève, il sera en position de la comprendre et
de la traduire : le sens de chaque mot sera bien affermi dans
sa mémoire et ses rapports bien sentis, quoique leur *expression grammaticale* demeure encore inaperçue pour lui.
Ainsi par cette marche, dont l'esprit consiste à concentrer l'attention de l'élève exclusivement sur les objets dont il va s'occuper d'abord, à ne préparer aucune provision anticipée, à
ne pas compliquer l'étude de considérations relatives aux désinences, aux radicaux, à la syntaxe, appareil dont la jeunesse s'effarouche, qu'elle ne comprend qu'à moitié et qui
embarrasse, quand il n'arrête pas son allure naturelle; par
ce moyen, dis-je, je parviens au même but que les méthodes qui commencent par de longues nomenclatures ou par
des règles abstraites; car ce que j'ai fait pour une phrase de
Cornelius-Nepos, on peut le reproduire pour toutes les phrases de cet auteur, on peut l'étendre à plusieurs auteurs si on
le juge à propos.

Ici, on ne manquera pas de m'adresser deux questions :
croyez-vous, dira-t-on, avoir donné *une connaissance complète* du texte de votre auteur par ce procédé ? et, si elle

n'est pas complète, d'où peut naître la préférence que vous lui accordez sur des méthodes désignées ordinairement par le nom de *synthétiques*. Ma réponse est toute prête : non, je ne crois pas avoir donné une connaissance *complète* du texte par ce procédé; mais en même temps je prie de remarquer que la prétention de donner des connaissances *complètes dès le début* de l'étude d'un art, c'est-à-dire, de pénétrer à la fois toutes les vues de pratique et de théorie, est ce qu'il y a de plus propre à traîner les progrès en longueur, surtout lorsqu'il s'agit d'élèves qui n'ont ni une volonté assez ferme, ni une raison assez mûre pour porter à-la-fois et long-tems le fardeau de tous les instrumens dont cet art est armé. Je suis donc le premier à déclarer que la connaissance du texte sera *incomplète*, je le sais; et je n'en persiste pas moins dans ma préférence, parce que 1.º ce genre de connaissance est le seul qui soit approprié à l'état intellectuel d'élèves très-jeunes; 2.º parce que le mode de procéder par lequel je le leur fais acquérir, est le seul qui ait de l'attrait pour eux, le seul qui déploie l'activité de toutes leurs facultés, le seul qui leur prépare une abondante moisson de résultats utiles; 3.º enfin, parce que si la connaissance du texte est incomplète, elle a cela de commun avec toutes les premières instructions que donne la nature, et qui n'en reçoivent pas moins, quand le moment est venu, des complémens propres à les perfectionner. Sans doute la marche que je propose laisse à l'écart les *moyens grammaticaux* de la langue, elle les néglige temporairement; elle y supplée par des expédiens calqués sur ceux qu'une mère met en usage pour enseigner à son enfant la langue qu'elle parle; savoir : la brièveté, la simplicité de quelques locutions préparatoires et l'affinité naturelle des idées; mais dans cette marche non plus que dans l'enseignement maternel, le régime de ces auxiliaires ne se perpétue indéfiniment ; c'est un régime transitoire dont l'élève est s'affranchit peu à peu, à mesure qu'il fait des progrès, que ses habitudes prennent de la consistance. Bientôt il fera placé à celui dans lequel les rapports des mots sont révélés simultanément, et par l'accord des désinences et par la convenance des idées. Cet accord sera senti d'une manière confuse long-tems avant d'être observé avec réflexion, long-tems avant de devenir l'occasion d'établir ou d'appliquer ces formules explicites qui constituent la grammaire ; il ne sera que senti, qu'un besoin d'habitudes ; mais enfin il agira sur l'élève, il le gouvernera à la manière d'un instinct, et après quelques mois d'exercice sous son influence, c'est alors qu'il conviendra de compléter, de perfectionner par les instrumens de la réflexion des habitudes prises sans leur secours, mais qui par là même se seront établies avec plus de facilité et plus rapidement ; c'est alors que la grammaire sera éminemment utile, que ses formules prendront de prime abord un sens clair ; se graveront facilement dans la mémoire, parce qu'elles ne seront que l'expression de ce que l'élève faisait déjà sans le remarquer ; enfin qu'elles acheveront d'affermir des habitudes jusque-là faciles et étendues, mais un peu incertaines, parce que les lois qui les régissaient n'étaient pas distinctes, parce qu'elles n'étaient pas représentées à la faveur d'un caractère propre et constant. Ainsi, sans répudier le secours de la grammaire ou du rudiment, sans méconnaître le prix qu'on doit y attacher, nous pensons qu'il faut en être très-sobre, et que s'il est propre à affermir, régulariser, perfectionner les progrès dans la langue nouvelle, la grande source de ces progrès, c'est l'usage, l'explication des auteurs. Cette explication se ferait au commencement comme nous l'avons indiqué; mais à mesure que l'on avancerait, l'entremise de la langue maternelle deviendrait moins nécessaire. Les alliances de mots, les phrases déjà étudiées et gravées dans la mémoire serviraient à expliquer les phrases subséquentes. Peu à peu le latin s'expliquerait presque exclusivement par lui-même, l'inconnu par le connu, et c'est lorsque la pratique aurait conduit les élèves plus ou moins près de ce terme que pourrait commencer avec bénéfice l'étude du rudiment et l'usage des thêmes pour ceux qui, non contens de comprendre les auteurs, voudraient encore s'exercer à écrire en latin.

Laon, imprimerie de F. LE BLAN-Courtois.